Inleiding

Spanje is al jaren een van de populairste landen in Europa voor vastgoedbeleggingen. Met een aangenaam klimaat, prachtige kustlijnen en een groeiende toeristische sector biedt het land aantrekkelijke mogelijkheden voor investeerders. Of je nu op zoek bent naar een vakantiewoning, een pensioeninvestering, of een lucratief verhuurobject, deze gids helpt je op weg.

Waarom kiezen voor Spanje?

De vastgoedmarkt in Spanje biedt een unieke mix van rendement en levenskwaliteit. Historisch gezien heeft Spanje zowel lokale als internationale investeerders aangetrokken vanwege de stabiele marktomstandigheden en de sterke toeristische sector. Deze gids duikt diep in de verschillende aspecten die een investering in Spanje tot een verstandige keuze maken.

Doel van deze gids

Of je nu een beginner bent of al ervaring hebt met vastgoed, dit boek geeft je de tools om je kansen te vergroten en je risico's te minimaliseren.

We behandelen zowel de praktische als de strategische aspecten van investeren in Spaans vastgoed.

Waarom investeren in Spanje?

1. Stabiele vastgoedmarkt

De Spaanse vastgoedmarkt heeft zich sinds de crisis van

2008 sterk hersteld. Steden als Madrid, Barcelona, en toeristische gebieden zoals de Costa del Sol blijven groeien in populariteit. De vraag naar vastgoed in stedelijke gebieden is hoog, vooral door de toenemende urbanisatie en de groeiende bevolking. Daarnaast hebben buitenlandse kopers een aanzienlijk aandeel in de markt, wat bijdraagt aan de stabiliteit.

2. Toerisme als motor

Spanje trekt jaarlijks miljoenen toeristen, wat het land tot een van de meest bezochte bestemmingen ter wereld maakt. Deze constante stroom van toeristen zorgt voor een hoge vraag naar huurwoningen, vooral in populaire gebieden zoals de Balearen en de Canarische

Eilanden. Dit maakt verhuurobjecten zeer winstgevend, met mogelijkheden voor zowel korte als lange termijn verhuur.

3. Levenskwaliteit

Met een zonnig klimaat, heerlijk eten, een rijke cultuur en een ontspannen levensstijl is Spanje niet alleen een aantrekkelijke plek om te investeren, maar ook om te wonen. De gezondheidszorg behoort tot de beste ter wereld, en de kosten van levensonderhoud zijn in veel regio's lager dan in Noord- en West-Europa.

4. Fiscale voordelen

Spanje biedt diverse fiscale voordelen voor

buitenlandse investeerders, waaronder belastingverdrag en met andere landen om dubbele belasting te voorkomen. Dit maakt het aantrekkelijk om inkomsten uit verhuur of verkoop te genereren.

Soorten vastgoedinveste ringen

1. Residentieel vastgoed

Koop een appartement, villa of herenhuis voor persoonlijk gebruik of verhuur. Residentieel vastgoed is vooral populair in steden zoals Madrid en Barcelona, maar ook in kustgebieden waar expats en gepensioneerden zich graag vestigen.

- **Voorbeeldcase**: Een appartement in het centrum van Valencia kan een huurinkomen genereren van 5-7% per jaar.

2. Vakantiewoningen

Investeren in vakantiewoningen biedt een hoog rendement,

vooral in toeristische regio's zoals de Balearen en de Canarische Eilanden. Vakantiewoningen kunnen via platforms zoals Airbnb worden verhuurd, wat zorgt voor flexibele en lucratieve inkomsten.

. **Tip**: Kies voor een woning dichtbij stranden, restaurants en andere voorzieningen om maximale verhuurinkomsten te genereren.

3. Commercieel vastgoed

Bedrijfspanden, winkelruimtes en kantoren kunnen een stabiele inkomstenstroom opleveren. Vooral in groeigebieden zoals Madrid en Barcelona is de vraag naar commercieel vastgoed groot.

Voordeel: Langlopende huurcontracten met bedrijven bieden stabiliteit.

4. Nieuwbouwprojecten

Investeren in off-plan vastgoed (nieuwbouw) kan winstgevend zijn, vooral in gebieden met een grote vraag naar nieuwe woningen. Dit type investering vereist een langere termijnvisie, maar biedt vaak hogere rendementen.

Risico: Zorg ervoor dat je samenwerkt met een betrouwbare projectontwikkelaar.

Waar in Spanje investeren?

1. Madrid en Barcelona

- Grote steden met een dynamische vastgoedmarkt.

. Hoge vraag naar huurwoningen, zowel voor lokale bewoners als expats.

2. Costa del Sol

- Populair bij buitenlandse kopers, vooral uit het Verenigd Koninkrijk en Scandinavië.
- Perfect voor luxe vakantiewonin

gen met een hoge verhuurwaarde

.

3. Valencia en Alicante

. Betaalbaarder dan Madrid en Barcelona.

. Toename in populariteit bij expats en toeristen door het mildere klimaat en de lagere kosten van levensonderhoud.

4. Balearen en Canarische Eilanden

- Hoge toeristische waarde.
- Sterke vraag naar vakantiewoningen, vooral in

Palma de Mallorca en Tenerife.

. **Extra locaties om te overwegen**: Andalusië, Baskenland en Galicië bieden unieke kansen

voor wie
verder kijkt
dan de
traditionele
hotspots.

**De stappen
naar een**

succesvolle investering

1. Onderzoek de markt

Begrijp de lokale regelgeving, marktdynamiek en prijzen. Analyseer zowel macro-economische trends als specifieke marktsituaties in de regio waarin je wilt investeren.

2. Bepaal je budget

Houd rekening met bijkomende kosten zoals belastingen, notariskosten en onderhoud. Creëer een realistisch financieel plan.

3. Zoek een betrouwbare makelaar

Werk samen met een lokale makelaar die de markt goed kent. Kies iemand met ervaring in het begeleiden van buitenlandse investeerders.

4. Controleer juridische zaken

. Zorg dat het eigendom vrij is van schulden.

. Laat een advocaat de documenten controleren.

5. Financiering

Je kunt een hypotheek krijgen bij een Spaanse bank of

je eigen middelen gebruiken. Het loont om verschillende opties te vergelijken.

6. Verhuur en beheer

- Kies voor een lokale beheerder voor het onderhoud van je pand.
- Zorg voor een strategische marketingaanpak als je het pand verhuurt.

Belasting en regelgeving

1. Belastingen bij aankoop

- **Overdrachtsbelasting:** Tussen 6% en 10%,

afhankelijk van de regio.
- **Notariskosten** en registratiekosten: Reken op 1-2% van de aankoopprijs.

2. Inkomstenbelasting

Als je inkomsten genereert uit verhuur, betaal je belasting over de netto-opbrengst.

3. Vermogensbelasting

Afhankelijk van de waarde van je bezittingen in Spanje.

Tips voor succesvol investeren

1. **Kies de juiste locatie**: Een toplocatie kan het verschil maken in rendement.

2. **Denk aan de lange termijn**: Focus op waardecrcatie op de lange termijn in plaats van snelle winsten.

3. **Werk met lokale experts**: Advocaten, makelaars en belastingadviseurs kunnen je helpen problemen te vermijden.

4. **Blijf op de hoogte van de markt**: Volg trends en aanpassingen in regelgeving.

Conclusie

Investeren in vastgoed in Spanje biedt tal van mogelijkheden voor wie goed voorbereid is. Met de juiste kennis, ondersteuning en strategie kun je niet alleen genieten van een mooi rendement, maar ook van het beste dat Spanje te bieden heeft. Neem de tijd om je voor te bereiden, en zet vandaag nog de eerste stap naar jouw investering in dit prachtige land.

Bonus: Handige bronnen

- Websites voor vastgoed: Idealista, Fotocasa
- Belastinginformatie: Agencia Tributaria (Spaanse

belastingdienst
)
. Lokale makelaars en advocaten gespecialiseerd in buitenlandse kopers

www.ingramcontent.com/pod-product-compliance
Lightning Source LLC
Chambersburg PA
CBHW071654240526
45469CB00023B/2429